RECETTES PAS CHÈRES

DES AMIS À DÎNER

Recettes : Maya Barakat-Nuq (pp. 8, 12, 18, 20, 32, 34, 36, 38, 40, 42, 50, 51, 52, 55, 70, 72, 80) ; Alexandra Beauvais (pp. 85, 86, 87, 88, 89) ; Véronique Liégeois (pp. 14, 16, 26, 53, 56, 74, 76, 78, 84) ; Emmanuelle Naddeo (pp. 25, 44, 57, 66, 68) ; Nicole Renaud (pp. 10, 22, 24, 28, 30, 46, 47, 48, 49, 54, 58, 60, 62, 64, 82, 83).

Photographies : Julie Mechali (pp. 9, 15, 17, 19, 21, 27, 33, 35, 37, 39, 41, 75, 77, 79, 81) ; Hélène Robert (pp. 45, 67, 69) ; Amélie Roche (pp. 13, 43, 71, 73) ; Philippe Vaurès Santamaria (pp. 11, 23, 29, 31, 59, 61, 63, 65).

Stylisme : Manuella Chantepie (pp. 13, 43, 71, 73) ; Anouk Grumbach (pp. 15, 17, 27, 75, 77, 79) ; Isabelle Guerre (pp. 9, 19, 21, 33, 35, 37, 39, 41, 81) ; Alexia Janny (pp. 45, 67, 69) ; Caroline Wietzel (pp. 11, 23, 29, 31, 59, 61, 63, 65).

ISBN : 978-2-7540-5439-3
Dépôt légal : août 2013
Imprimé en France par Pollina - L64912
Direction éditoriale : Aurélie Starckmann
Edition : Audrey Bernard
Conception graphique (intérieur) : Chrystel Proupuech
Mise en pages : Istria

Éditions First-Gründ
60, rue Mazarine
75006 Paris - France
e-mail : firstinfo@efirst.com
Sites internet : www.editionsfirst.fr • www.grund.fr

Sommaire

4 personnes

Soufflé au fromage

Bon marché • Préparation : 15 minutes • Cuisson : 30 minutes

Matériel :

- *1 casserole*
- *1 cuiller en bois*
- *1 saladier*
- *1 fouet*
- *1 moule à soufflé haut*

Ingrédients :

- *100 g de beurre*
- *2 c. à s. de farine*
- *40 cl de lait*
- *4 œufs*
- *150 g de gruyère râpé*
- *50 g de parmesan râpé*
- *50 g de roquefort*
- *1 pincée de noix de muscade*
- *1 c. à c. de levure*
- *sel, poivre*

Faites fondre le beurre dans une casserole, puis ajoutez la farine et mélangez. Mouillez avec le lait tout en tournant pour ne pas faire des grumeaux.
Séparez le blanc des jaunes et incorporez les jaunes au mélange tout en remuant.
Ajoutez le gruyère, le parmesan et le roquefort émietté et mélangez.
Montez les blancs en neige très ferme et incorporez-les au mélange en soulevant délicatement. Ajoutez la muscade, la levure, le sel et le poivre.
Allumez le four à 190 °C (th. 6). Beurrez un moule à soufflé et versez-y le mélange aux ¾, pas plus car il va gonfler en cours de cuisson et risque de déborder. Faites cuire pendant 30 minutes et servez immédiatement, sinon le soufflé risque de retomber.

Variante

Vous pouvez faire cuire le soufflé dans de petits moules individuels qui seront plus faciles à servir. Dans ce cas, le temps de cuisson est réduit à 20 minutes.

4 personnes

Soupe de concombre aux glaçons de menthe

Bon marché • Préparation : 20 minutes • Réfrigération : 2 heures

Matériel :

- *1 petite casserole*
- *1 petite poêle*
- *1 mixeur*
- *1 jatte*
- *1 bac à glaçons*

Ingrédients :

- *2 petits concombres*
- *2 tomates olivettes*
- *2 belles gousses d'ail*
- *le jus d' ½ citron*
- *2 c. à s. de feuilles de menthe ciselées*
- *3 c. à s. d'huile d'olive*
- *1 c. à c. de sucre en poudre*
- *eau de source*
- *sel, poivre blanc du moulin*

Fendez les concombres en deux. Retirez les graines. Coupez-les en dés. Mixez-les finement avec le jus de citron, l'huile d'olive, le sucre, du sel, du poivre. Délayez avec juste assez d'eau de source pour obtenir une consistance un peu fluide.
Versez la soupe dans une jatte, couvrez de film étirable et mettez au frais, 2 heures.
Répartissez la menthe ciselée dans 12 alvéoles d'un bac à glaçons. Couvrez d'eau de source à hauteur. Faites prendre au congélateur.
Pelez et dégermez les gousses d'ail. Portez-les deux fois de suite à ébullition dans de l'eau. Rafraîchissez-les, coupez-les en lamelles et faites-les à peine blondir dans ½ cuillerée à soupe d'huile. Pelez, épépinez et coupez la chair des tomates en dés.
Pour servir, rectifiez l'assaisonnement de la soupe, répartissez-la dans des bols. Disposez les glaçons démoulés au centre. Éparpillez les lamelles d'ail et les dés de tomates tout autour.

Variante

Mixez le concombre, pelé ou non, avec 20 cl de yaourt brassé, du jus de citron, 10 cl d'eau de source, du sel et du poivre.

Atout santé

Choisissez des petits concombres bien verts et fermes d'un bout à l'autre plutôt qu'une grosse pièce. Composé à 95 % d'eau, c'est un légume peu calorique qui contient de nombreux éléments minéraux et oligo-éléments, mais en faible quantité.

6 personnes

Salade italienne au pesto

Bon marché • Préparation : 20 minutes • Cuisson : 15 minutes

Matériel :

- *1 mixeur*
- *1 grande casserole*

Ingrédients :

- *500 g de pâtes courtes*
- *2 tomates fraîches*
- *2 petites boules de mozzarella (environ 300 g)*
- *12 quartiers de tomates confites à l'huile*
- *75 g d'olives noires*
- *belles feuilles de basilic*

Pour la sauce au pesto

- *2 c. à s. de pignons de pin*
- *4 belles branches de basilic*
- *1 gousse d'ail*
- *3 c. à s. d'huile d'olive*
- *sel, poivre du moulin*

Faites cuire les pâtes *al dente* dans une casserole d'eau bouillante salée. Égouttez-les. Lavez et coupez les tomates fraîches en quartiers. Coupez la mozzarella en dés moyens.
Préparez la sauce au pesto en mixant les feuilles de basilic, les pignons, l'ail épluché et écrasé, et l'huile d'olive. Salez et poivrez.
Dans un grand saladier, mélangez les pâtes, les quartiers de tomates confites et de tomates fraîches, la mozzarella et les olives, puis assaisonnez de sauce et parsemez de basilic grossièrement ciselé.
Servez tiède ou froid en revérifiant l'assaisonnement.

Variantes

Ajoutez des dés de jambon cru, ou une boîte de thon émietté et des pignons.

Truc de cuisinier

Pour que la salade de pâtes s'imprègne mieux des saveurs de la sauce, assaisonnez les pâtes encore chaudes.

4 personnes

Flan à la mozzarella et aux tomates cerise

Coût moyen • Préparation : 25 minutes • Cuisson : 30 minutes

Matériel :

- *1 saladier*
- *1 plat à gratin*

Ingrédients :

- *2 boules de mozzarella (250 g)*
- *150 g de farine de blé*
- *25 g de pétales de maïs nature (pour petit déjeuner)*
- *½ sachet de levure chimique*
- *3 œufs*
- *35 cl de lait*
- *250 g de tomates cerise*
- *1 noix de beurre*
- *2 tiges de basilic*
- *sel, poivre du moulin*

Préchauffez le four à 180 °C (th. 6). Coupez la mozzarella en petits dés, après l'avoir égouttée. Dans un saladier, mélangez la farine, les pétales de maïs, la levure chimique, les œufs et le lait. Salez et poivrez. Ajoutez la moitié de la mozzarella et mélangez.

Rincez et hachez le basilic. Ajoutez-le à la pâte. Rincez les tomates cerise sous l'eau fraîche et essuyez-les.

Répartissez les tomates cerise dans un plat à gratin légèrement beurré. Nappez de pâte à flan. Faites cuire pendant 20 minutes dans le four préchauffé.

Disposez le reste de la mozzarella sur la surface du flan et poursuivez la cuisson pendant 10 minutes. Dégustez chaud ou tiède, avec une salade verte bien relevée.

Info santé

La mozzarella et le lait sont de bonnes sources de calcium et de protéines.

4 personnes

Croquettes de quinoa et courgette

Bon marché • Préparation : 25 minutes • Cuisson : 30 minutes

Matériel :

- *1 chinois*
- *1 saladier*
- *1 râpe*
- *1 poêle antiadhésive*

Ingrédients :

- *130 g de quinoa*
- *1 petite courgette*
- *3 tiges de persil*
- *2 tranches de jambon (100 g)*
- *2 c. à s. de parmesan*
- *2 œufs*
- *2 c. à s. d'huile de maïs*
- *sel, poivre du moulin*

Versez le quinoa dans un chinois et rincez-le sous l'eau froide. Faites-le cuire à l'eau bouillante salée, pendant 15 minutes. Égouttez-le parfaitement et versez-le dans un saladier.
Lavez la courgette, puis râpez-la à l'aide d'une râpe à main. Pressez-la avec les mains pour éliminer le surplus de jus. Versez dans le saladier contenant le quinoa. Rincez le persil, épongez-le, puis hachez-le. Hachez le jambon au couteau. Ajoutez le persil et le jambon hachés, le parmesan et les œufs dans le saladier. Mélangez. Salez, poivrez.
Faites chauffer une cuillerée d'huile dans une poêle antiadhésive. Formez des croquettes avec le mélange au quinoa, en déposant des petits tas dans la poêle, à l'aide d'une cuillère. Laissez dorer à feu doux 3 minutes sur chaque face. Disposez ensuite les croquettes sur un plat garni de papier absorbant. Renouvelez l'opération avec le reste du mélange au quinoa, en ajoutant un peu d'huile. Dégustez chaud.

Info santé

Les galettes et croquettes représentent un bon apport en protéines, dans la mesure où elles contiennent des œufs et du fromage. Elles peuvent donc remplacer la viande, de temps en temps. Pour qu'elles restent légères et non grasses, pensez à les disposer sur du papier absorbant.

4 personnes

Muffins faciles aux olives et jambon

Bon marché • Préparation : 20 minutes • Repos : 1 heure • Cuisson : 15 à 20 minutes

Matériel :

- *moules à muffin en silicone (8 gros ou 16 petits)*
- *1 saladier*
- *1 cuillère en bois*

Ingrédients :

- *15 olives dénoyautées*
- *2 tranches de jambon blanc*
- *3 œufs*
- *300 g de farine*
- *1 c. à c. de levure*
- *100 g de fromage râpé*
- *25 cl d'huile d'olive*
- *20 cl de lait entier*
- *1 c. à c. de thym ou herbes de Provence*
- *sel, poivre du moulin*

Préchauffez le four à 190 °C (th. 7). Hachez les olives et le jambon.
Battez les œufs et ajoutez la farine, la levure, le fromage râpé, l'huile, le lait, le poivre, le sel, le thym, les olives et le jambon. Mélangez bien.
Laissez reposer 1 heure à température ambiante.
Versez dans les alvéoles du moule jusqu'aux ¾ (la préparation va gonfler) et enfournez 15 à 20 minutes. Laissez refroidir avant de démouler.

Conseil

Vous pouvez faire cuire la préparation dans un petit moule à cake. La cuisson sera alors plus longue (5 à 10 minutes de plus). Vérifiez-la en plantant un cure-dent en bois qui doit ressortir bien net.

4 personnes

Clafoutis au thon et au maïs

Bon marché • Préparation : 25 minutes • Cuisson : 35 minutes

Matériel :

- *1 sauteuse*
- *1 saladier*
- *1 cuillère en bois*
- *1 plat à four*

Ingrédients :

- *1 grosse boîte de thon au naturel*
- *2 gousses d'ail*
- *2 oignons*
- *½ c. à c. de cannelle moulue*
- *½ c. à c. de clous de girofle moulus*
- *½ c. à c. de cumin moulu*
- *1 boîte de maïs en grains*
- *1 c. à s. d'huile de tournesol*
- *3 œufs • 30 cl de lait*
- *25 cl de crème liquide*
- *70 g de farine*
- *sel, poivre*

Faites revenir l'ail et l'oignon épluchés et émincés dans une sauteuse avec l'huile. Salez, poivrez et ajoutez la moitié des épices. Ajoutez le thon grossièrement émietté et le maïs égoutté.
Allumez le four à 180 °C (th. 5). Versez le contenu de la sauteuse dans un plat à four.
Mélangez les œufs, le lait, la crème, la farine avec le reste des épices, du sel et du poivre et versez-les sur le plat. Enfournez pour 35 minutes.
Servez bien chaud dans le plat de service et accompagnez d'une salade.

Variantes

Remplacez le maïs par des petits pois ou des champignons et le thon par du saumon, du poulet ou de la dinde émincés.

4 personnes

Burger de bœuf aux oignons frits

Coût moyen • Préparation : 30 minutes • Cuisson : 15 minutes

Matériel :

- *1 emporte-pièce ou 1 tasse retournée*
- *1 poêle profonde*
- *1 petite poêle*
- *1 grille-pain*

Ingrédients :

- *4 tranches de pain aux céréales*
- *4 steaks hachés*
- *4 fines tranches de lard fumé*
- *4 lamelles de gouda*
- *2 oignons*
- *2 tomates olivettes*
- *1 petite poignée de roquette*
- *1 c. à s. de farine*
- *1 c. à s. d'huile*
- *huile de friture*
- *moutarde douce ou forte*
- *paprika*
- *sel, poivre du moulin*

Avec un emporte-pièce, découpez des disques aussi grands que possible dans le pain aux céréales. Pelez et coupez les oignons en rondelles. Détachez les anneaux, séchez-les et glissez-les dans un sac de congélation avec la farine. Secouez pour les en enrober, puis versez-les dans une passoire pour éliminer l'excédent.
Faites chauffer une couche d'huile de friture dans une poêle profonde. Mettez-y les oignons à frire jusqu'à ce qu'ils soient dorés et croustillants. Égouttez-les. Assaisonnez de sel fin mélangé à du paprika et à du poivre. Coupez les tomates en rondelles.
Faites croustiller les tranches de lard dans 1 cuillerée à soupe d'huile. Retirez-les, faites cuire les steaks dans la même poêle en les retournant plusieurs fois. Salez, poivrez-les. Faites légèrement griller les disques de pain dans un grille-pain, une poêle ou sous le gril du four.
Tartinez la moitié des disques de moutarde. Garnissez-les de fromage, puis de rondelles de tomates, d'un steak, d'oignons frits, de lard rissolé et de roquette. Couvrez de pain. Servez avec du ketchup et une salade verte.

Truc de cuisinier

Choisissez une huile de friture haute température : arachide, tournesol. Inutile de changer le bain après chaque friture, elle supporte 3 à 4 utilisations successives. Filtrez l'huile bien refroidie pour éliminer les impuretés. Conservez-la à l'abri de la lumière dans un récipient hermétique ou une bouteille de verre bouchée.

4 personnes

Salade de pissenlits aux lardons à l'œuf mollet

Bon marché • Préparation : 20 minutes • Cuisson : 10 minutes

Matériel :

- *4 coupes*
- *1 casserole*
- *1 saladier*
- *1 poêle*

Ingrédients :

- *400 g de pissenlits (à défaut un cœur de frisée)*
- *2 petites échalotes*
- *4 œufs très frais*
- *100 g de fins lardons maigres fumés*
- *3 c. à s. d'huile*
- *2 c. à s. de vinaigre de vin*
- *poivre*

Faites cuire les œufs dans de l'eau frémissante 6 minutes. Plongez-les aussitôt dans de l'eau glacée pour les refroidir.

Triez et, si nécessaire, émincez les pissenlits. Lavez-les plusieurs fois, essorez-les, séchez-les et versez-les dans un saladier.

Dans une poêle, faites rissoler les lardons dans ½ cuillerée à soupe d'huile. Égouttez-les sur du papier absorbant. Remplacez-les par les échalotes hachées, remuez 5 minutes sans laisser colorer. Ajoutez-les dans le saladier.

Déglacez la poêle avec le vinaigre, remuez pour dissoudre les sucs. Hors du feu ajoutez le reste d'huile, remuez et versez sur la salade avec les lardons. Poivrez et mélangez longuement.

Répartissez la salade dans des coupes. Écalez les œufs. En vous tenant au-dessus des coupes, fendez-les en deux sans détacher les deux parties et déposez-les pour faire couler le jaune sur la salade.

Truc de cuisinier

Les feuilles jaunes du cœur des pissenlits sont plus tendres et moins amères que les feuilles vertes de la couronne. On trouve les pissenlits à l'état sauvage. Il faut soigneusement les laver dans de l'eau froide additionnée de vinaigre d'alcool avant de les rincer à l'eau pure. Ils peuvent être remplacés par de la frisée.

4 personnes

Bavarois de poivrons rouges

Bon marché • Préparation : 25 minutes • Cuisson : 15 minutes • Réfrigération : 4 heures

Matériel :

- *1 cuit-vapeur*
- *1 mixeur*

Ingrédients :

- *3 poivrons rouges*
- *3 feuilles de gélatine*
- *80 g de pulpe de tomate égouttée*
- *1 pincée de piment d'Espelette*
- *10 cl de crème liquide fleurette*
- *8 brins de ciboulette*
- *sel fin, poivre du moulin*

Versez 1,5 litre d'eau dans la partie inférieure du cuit-vapeur. Portez à ébullition. Ôtez le pédoncule des poivrons, coupez-les en deux. Épépinez-les, retirez les filaments blancs et coupez-les en lamelles. Mettez-les dans le panier vapeur, couvrez et laissez cuire 15 minutes.
Pendant ce temps, faites tremper les feuilles de gélatine dans un bol d'eau. Sortez les poivrons et pelez-les. Coupez les poivrons pelés en petits dés et versez-les dans le bol d'un robot. Ajoutez la pulpe de tomate. Mixez l'ensemble.
Essorez les feuilles de gélatine avec les doigts et faites-les fondre dans 2 cuillerées de bouillon de cuisson bouillant. Ajoutez la gélatine fondue à la fondue de poivrons, mixez de nouveau. Salez et poivrez, ajoutez le piment. Laissez refroidir. Montez la crème en chantilly, au batteur électrique, incorporez-la délicatement à la fondue de poivrons. Tapissez 4 ramequins de film alimentaire, remplissez-les de la préparation. Réservez au réfrigérateur 4 heures. Démoulez en retournant les ramequins et servez sur l'assiette. Décorez de brins de ciboulette.

Truc de cuisinier

Monter une chantilly n'est pas évident. Utilisez de la crème fleurette liquide entière, très froide. Veillez à ce que le récipient et le batteur le soient aussi.

4 personnes

Penne au poulet et au curry

Coût moyen • Préparation : 15 minutes • Cuisson : 33 à 35 minutes

Matériel :

- *1 cocotte*
- *1 grande casserole*
- *1 saladier*

Ingrédients :

- *200 g de blanc de poulet*
- *1 petite aubergine*
- *3 tiges de persil frisé*
- *3 c. à s. de crème fraîche*
- *1 c. à c. de curry doux*
- *1 c. à s. d'huile d'olive*
- *250 g de penne*
- *3 c. à s. de parmesan*
- *sel, poivre du moulin*

Coupez le poulet en lamelles. Lavez l'aubergine, puis détaillez-la en tout petits dés. Rincez le persil, épongez-le délicatement, puis hachez-le.
Faites chauffer l'huile dans une petite cocotte. Ajoutez le poulet, faites-le dorer à feu vif pendant 5 minutes, en remuant. Réservez-le sur une assiette. Ajoutez les dés d'aubergine dans la cocotte. Salez et poivrez, ajoutez le curry et le persil haché et faites cuire à feu doux, en remuant, pendant 15 minutes. Ajoutez une ou deux cuillerées d'eau si le contenu de la cocotte réduit trop vite.
Mettez les dés de poulet et la crème dans la cocotte, et faites mijoter encore 5 minutes. Gardez au chaud, feu éteint.
Portez à ébullition 3 litres d'eau salée dans une grande casserole. Jetez-y les penne et laissez cuire 8 à 10 minutes, selon les indications inscrites sur l'emballage. Égouttez les pâtes dès qu'elles sont cuites. Versez-les dans un saladier. Nappez avec la sauce, mélangez et saupoudrez de parmesan. Dégustez aussitôt.

Info santé

Un plat complet et vite fait, pour changer des pâtes à la tomate. Selon votre appétit, vous pouvez prévoir davantage de viande (jusqu'à 100 g par personne). Le poulet apporte des protéines et des lipides d'excellente qualité nutritionnelle. L'aubergine, très digeste, est source de fibres douces.

4 personnes

Cocotte de pommes de terre aux maquereaux marinés

Bon marché • Préparation : 30 minutes • Marinade : 2 heures • Cuisson : 35 minutes

Matériel :

- *1 plat creux*
- *1 cocotte*

Ingrédients :

- *4 maquereaux*
- *800 g de petites pommes de terre*
- *4 tomates*
- *2 oignons*
- *2 c. à s. de persil plat ciselé*
- *4 c. à s. d'huile d'olive*
- *sel, poivre du moulin*

Pour la marinade

- *1 citron bio*
- *2 gousses d'ail*
- *2 c. à s. d'huile*
- *1 c. à c. de coriandre en grains*
- *sel, poivre en grains et poivre du moulin*

Levez les filets de maquereaux et retirez les arêtes. Prélevez le zeste du citron en filaments. Pressez le jus. Pelez, dégermez et écrasez les gousses d'ail avec 5-6 grains de poivre et la coriandre. Mélangez-les avec le jus du citron, le zeste et 2 cuillerées à soupe d'huile d'olive. Nappez-en les filets de maquereau. Salez et poivrez. Couvrez d'un film étirable. Laissez mariner au frais, 2 heures.

Dans une cocotte, faites fondre les oignons pelés et coupés en rondelles dans 2 cuillerées à soupe d'huile chaude. Ajoutez les tomates coupées en petits morceaux et les pommes de terre lavées, séchées et coupées en deux. Arrosez de 10 cl d'eau et du reste d'huile. Salez, poivrez. Couvrez et laissez mijoter sur feu doux 20 minutes. Mélangez souvent et, si nécessaire, ajoutez un peu d'eau.

Après 20 minutes de cuisson, rangez les filets de maquereau sur les pommes de terre. Arrosez de marinade. Achevez la cuisson à couvert, environ 10 minutes. Les pommes de terre doivent être tendres. Parsemez de persil avant de servir dans la cocotte.

Variantes

Remplacez le maquereau par des darnes de colin ou par des tranches de thon germon surgelé.

Pavés de julienne en croûte d'herbes à l'écrasée de pommes de terre

Bon marché • Préparation : 30 minutes • Cuisson : 25 à 32 minutes

Matériel :

- *4 assiettes chaudes*
- *1 casserole*
- *1 bol*
- *1 plat de cuisson*

Ingrédients :

- *4 pavés de julienne de 125 g chacun*
- *800 g de pommes de terre farineuses*
- *2 tomates*
- *3 gousses d'ail*
- *2 c. à c. de citron bio râpé*
- *6 c. à s. d'herbes ciselées (persil, ciboulette, estragon, coriandre)*
- *100 g de chapelure*
- *1 c. à s. de sucre semoule*
- *5 c. à s. d'huile d'olive*
- *15 cl de lait • 40 g de beurre*
- *80 g d'olives noires dénoyautées*
- *sel, poivre du moulin*

Travaillez le beurre en pommade. Incorporez le zeste, la chapelure, les herbes, du sel et du poivre.
Pelez, lavez et coupez les pommes de terre en quartiers. Faites-les cuire, dans de l'eau salée, avec les gousses d'ail pelées et dégermées, jusqu'à ce qu'elles s'écrasent facilement (15-20 minutes).
Épongez les pavés de julienne. Alignez-les dans un plat de cuisson. Éparpillez les tomates coupées en quartiers autour. Saupoudrez-les de sucre. Arrosez d'une cuillerée d'huile.
Enfournez à 210 °C (th. 7) 10 à 12 minutes. Retirez le plat du four, masquez les pavés de beurre d'herbes. Passez-les sous le gril le temps de dorer la panure.
Hachez les olives au couteau. Égouttez les pommes de terre et les gousses d'ail. Écrasez-les à la fourchette tout en incorporant le lait chaud, le reste d'huile, du sel, du poivre, puis les éclats d'olives.
Étalez l'écrasée de pommes de terre en disques au centre des assiettes chaudes. Déposez dessus un pavé de julienne. Entourez de quartiers de tomate.

Truc de cuisinier

Demandez au poissonnier de vous couper les pavés dans la partie épaisse des filets de julienne. S'ils sont plus fins, adaptez le temps de cuisson à leur épaisseur.

4 personnes

Ragoût de porc aux légumes

Bon marché • Préparation : 40 minutes • Cuisson : 1 heure 30

Matériel :

- *1 casserole*
- *1 cocotte*

Ingrédients :

- *1 kg d'échine de porc*
- *3 carottes*
- *1 cœur de céleri*
- *3 échalotes*
- *2 tomates*
- *4 c. à s. d'huile d'olive*
- *2 brins de thym*
- *2 feuilles de laurier*
- *30 cl de vin blanc*
- *sel, poivre*

Pelez les carottes, nettoyez le céleri et coupez-les en dés. Pelez et émincez les échalotes. Faites blanchir les tomates 1 minute à l'eau bouillante pour pouvoir les éplucher facilement. Coupez-les en dés.

Coupez la viande en cubes. Dans une cocotte, faites dorer les cubes de viande dans 2 cuillerées d'huile, salez, poivrez et retirez-les.

Remplacez-les par le reste d'huile dans lequel vous ferez revenir les échalotes. Ajoutez les carottes, le céleri, les tomates, le thym et le laurier. Faites cuire le tout 5 minutes en mélangeant, puis mouillez avec le vin blanc et un verre d'eau. Couvrez la cocotte, baissez le feu et laissez mijoter à feu très doux pendant 1 heure 15.

Mélangez deux à trois fois en cours de cuisson et rajoutez un peu de liquide si nécessaire. Servez avec des pommes de terre bouillies.

Variantes

Préparez ce ragoût avec toutes sortes de viandes : du bœuf pour le bourguignon, du haché, du poulet, de la dinde, du lapin, des saucisses. Adaptez le temps de cuisson en fonction.

4 personnes

Risotto aux champignons

Bon marché • Préparation : 30 minutes • Cuisson : 30 minutes

Matériel :

- *1 casserole*
- *1 cuillère en bois*
- *1 louche*

Ingrédients :

- *400 g de riz*
- *200 g de champignons de Paris, cèpes et girolles*
- *1 oignon*
- *200 g de pancetta (ou de lard)*
- *15 cl de vin blanc*
- *1,5 l de bouillon de bœuf*
- *10 cl de crème fraîche*
- *100 g de parmesan*
- *20 g de beurre*
- *4 baies de genièvre*
- *sel, poivre*

Nettoyez les champignons sous un filet d'eau en grattant le sable et émincez-les. Épluchez et émincez l'oignon et détaillez la pancetta en dés. Faites-les blondir dans une noisette de beurre. Ajoutez les baies de genièvre et mouillez avec le vin blanc.

Portez à feu vif et laissez évaporer avant d'ajouter les champignons, puis le riz. Faites dorer 3 minutes, puis ajoutez le bouillon chaud, louche après louche au fur et à mesure qu'il est absorbé par le riz. Tournez avec une cuillère en bois. Continuez la cuisson 15 minutes en remuant.

Ajoutez le reste de beurre, la crème fraîche et le parmesan râpé. Salez légèrement, poivrez et servez.

4 personnes

Soupe de légumes

Bon marché • Préparation : 20 minutes • Cuisson : 35 minutes

Matériel :

- *1 grand faitout*
- *1 planche à découper*
- *1 cuillère en bois*

Ingrédients :

- *3 poireaux*
- *2 carottes*
- *1 branche de céleri*
- *1 poignée de haricots verts*
- *1 branche de thym*
- *2 c. à s. d'huile*
- *1 feuille de laurier*
- *1 boîte de tomates pelées*
- *2 cubes de bouillon de poulet ou de bœuf*
- *½ verre de petites pâtes (100 g)*
- *4 verres d'eau*
- *sel, poivre*

Lavez les légumes, épluchez les carottes et coupez-les en petits morceaux.
Faites chauffer l'huile à feu moyen dans le faitout. Ajoutez les légumes coupés, le thym et le laurier et faites revenir le tout pendant 5 minutes en mélangeant.
Versez les tomates avec leur jus sur les légumes.
Ajoutez l'eau, émiettez les cubes de bouillon, et assaisonnez de sel et de poivre.
Couvrez, baissez le feu et laissez mijoter la soupe pendant 20 minutes en mélangeant de temps en temps. Ajoutez les pâtes et faites cuire encore une dizaine de minutes.

Trucs de cuisinier

Ajoutez un verre d'eau si vous trouvez la soupe trop épaisse.
Saupoudrez la soupe de parmesan ou de gruyère râpé.
Vous pouvez ajouter quelques morceaux de poulet ou de viande pour un peu de protéines et un plat complet. Ils devront alors cuire 15 à 20 minutes de plus, selon la qualité de la viande.

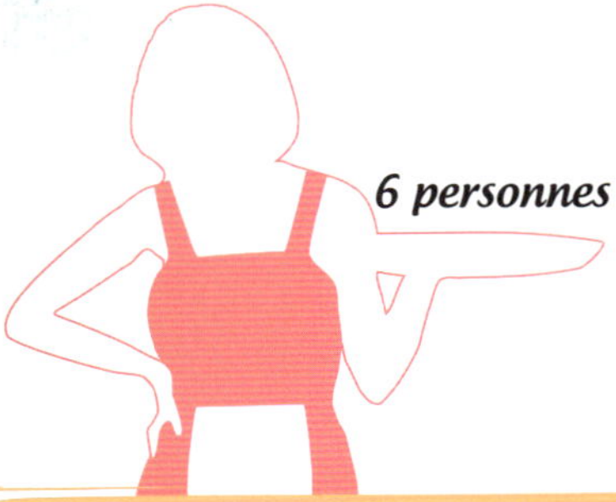

6 personnes

Gratin de courgettes

Bon marché • Préparation : 20 minutes • Cuisson : 35 minutes

Matériel :

- *1 couteau*
- *1 planche à découper*
- *1 poêle antiadhésive*
- *1 bol*
- *1 plat à four*

Ingrédients :

- *6 grosses courgettes*
- *1 gousse d'ail*
- *2 tomates*
- *3 c. à s. d'huile d'olive*
- *1 c. à c. de thym ou d'herbes de Provence*
- *1 c. à c. de sucre*
- *2 œufs*
- *50 cl de lait*
- *1 petit bouquet de basilic*
- *75 g de parmesan râpé*
- *sel, poivre*

Allumez le four à 190 °C (th. 6/7).
Lavez les courgettes et coupez-les en rondelles moyennes. Pelez la gousse d'ail et coupez-la en fines lamelles. Lavez les tomates et coupez-les en petits dés.
Chauffez l'huile et faites revenir les courgettes avec l'ail, le thym, le sel, le poivre et le sucre pendant 5 minutes en mélangeant. Couvrez, baissez le feu, et laissez cuire encore 5 minutes à feu très doux.
Fouettez les œufs en y incorporant le lait. Disposez en corolle les courgettes dans un plat à four, parsemez de tomates et nappez d'œufs au lait. Saupoudrez le plat de basilic et de parmesan et enfournez pour près de 25 minutes.

Conseil

Ce gratin de courgettes se déguste chaud, tiède ou même froid en été, accompagné d'une salade.

6 personnes

Curry d'agneau

Bon marché • Préparation : 20 minutes • Cuisson : 1 heure 10

Matériel :

- *1 râpe*
- *1 sauteuse*

Ingrédients :

- *1 kg d'épaule d'agneau désossée et coupée en cubes*
- *1 citron vert*
- *2 gousses d'ail*
- *2 oignons*
- *2 c. à c. de poudre de curry*
- *20 cl de lait de coco*
- *100 g de raisins secs*
- *25 g de pistaches décortiquées*
- *50 g de pignons de pin*
- *10 brins de coriandre*
- *3 c. à s. d'huile d'olive*
- *sel, poivre*

Râpez le citron et pressez la moitié. Épluchez l'ail et l'oignon, émincez les oignons et écrasez l'ail, et faites-les revenir dans l'huile.
Ajoutez les morceaux de viande, le jus et le zeste de citron et remuez pendant 5 minutes.
Couvrez d'eau et ajoutez le curry, du sel et du poivre. Laissez cuire pendant 40 minutes à couvert. Vérifiez le niveau d'eau en cours de cuisson.
Ajoutez le lait de coco, couvrez, et cuisez 25 minutes à feu très doux. Ajoutez les raisins secs ; laissez cuire encore 5 minutes. Ajoutez les pistaches et les pignons et mélangez. Ciselez les feuilles de coriandre et parsemez-les sur le curry.

Trucs de cuisinier

Pour un repas encore plus recherché, présentez-le avec un assortiment de chutney et de fruits exotiques coupés en petits dés.
Vous pouvez servir ce curry chaud tel quel avec du riz basmati, ou tiède sur un lit de salade et entouré de rondelles de tomates.

4 personnes

Côtes de veau à la moutarde

Bon marché • Préparation : 20 minutes • Cuisson : 45 minutes

Matériel :

- *1 barbecue ou plancha*
- *1 poêle*

Ingrédients :

- *3 côtes de veau (500 g environ chacune)*
- *2 gousses d'ail*
- *5 échalotes grises*
- *3 c. à s. d'huile d'olive*
- *50 cl de cidre brut*
- *1 bouquet garni*
- *1 c. à s. de moutarde forte*
- *30 cl de crème liquide*
- *sel, poivre du moulin*

Épluchez, ciselez l'ail et les échalotes. À feu vif, dans la poêle, faites-les revenir et colorer 5 minutes dans l'huile d'olive. Déglacez avec le cidre, ajoutez le bouquet garni. Laissez mijoter 20 minutes, puis retirez le bouquet garni. Incorporez la moutarde et la crème liquide. Salez et poivrez généreusement.
Préchauffez la plancha ou préparez les braises du barbecue.
Déposez les côtes de veau, et faites-les cuire 10 minutes de chaque côté. Retirez du feu, salez, poivrez généreusement.
Recouvrez la viande de papier aluminium et laissez reposer 10 minutes avant de découper et de servir. Accompagnez de la sauce bien chaude et servez avec des petits navets ou carottes, cuits à la vapeur et assaisonnés au beurre salé.

Truc de cuisinier

Pour griller à cœur vos grosses pièces de viande, il faut les sortir 1 heure au moins à l'avance du réfrigérateur pour qu'elles soient à température ambiante.

4 personnes

Roulés de poulet aux feuilles de basilic

Bon marché • Préparation : 10 minutes • Cuisson : 21 minutes

Matériel :

- *1 cuit-vapeur*
- *1 bol*
- *1 casserole*
- *1 pinceau de cuisine*
- *film alimentaire*

Ingrédients :

- *4 blancs de poulet*
- *huile d'olive*
- *400 g de pois gourmands*
- *16 feuilles de basilic*
- *sel, poivre du moulin*

Pour la sauce

- *1 citron non traité*
- *2 yaourts à la grecque*
- *½ c. à c. de paprika*
- *20 g de graines de sésame*
- *huile d'olive*
- *sel fin, poivre du moulin*

Versez 1,5 litre d'eau dans le compartiment inférieur du cuit-vapeur. Portez à ébullition. Sur le plan de travail, aplatissez les blancs de poulet. Avec un pinceau de cuisine, badigeonnez-les d'huile d'olive. Lavez et essuyez les feuilles de basilic. Répartissez-les dessus.

Roulez chaque blanc de poulet, maintenez-les serrés dans du film alimentaire. Fermez les extrémités comme s'il s'agissait de bonbons. Disposez dans le panier vapeur et laissez cuire 20 minutes. Rincez les pois gourmands, ajoutez-les 5 minutes avant la fin de cuisson du poulet.

Préparez la sauce au yaourt : prélevez le zeste du citron à l'aide d'un épluche-légumes et hachez-le. Plongez-le 1 minute dans une eau bouillante. Égouttez. Dans un bol, mélangez le yaourt, le zeste, le paprika. Salez et poivrez. Ajoutez un filet d'huile d'olive. Parsemez de graines de sésame.

Retirez délicatement le film des blancs de poulet et coupez-les en rondelles épaisses. Servez à l'assiette avec les pois gourmands, versez un filet d'huile. Salez et poivrez. Servez la sauce à part.

Variantes

Remplacez les blancs de poulet par des blancs de dinde ou des escalopes de veau, très fines. Remplacez les feuilles de basilic par un pesto (mélange d'ail, pignons de pin, huile d'olive et basilic) ou une tapenade (mélange provençal à base d'olives noires).

4 personnes

Sauté de dinde en couronne de semoule aux raisins

Bon marché • Préparation : 30 minutes • Cuisson : 50 minutes

Matériel :

- *1 plat creux rond • 2 bols*
- *1 casserole • 1 cocotte*
- *1 moule en couronne*

Ingrédients :

__Pour la couronne__

- *50 cl de lait • 150 g de semoule de blé précuite*
- *50 g de beurre • 2 jaunes d'œufs*
- *40 g de raisins secs*
- *½ c. à s. d'huile • sel, poivre*

__Pour le sauté de dinde__

- *500 g de sauté de dinde surgelé sans peau ni os • 20 g de beurre*
- *2 échalotes • 1 c. à s. de curry*
- *30 cl de bouillon de volaille*
- *10 cl de lait de coco*
- *2 c. à s. de crème épaisse*
- *1 c. à c. de Maïzena*
- *2 brins de coriandre ou de cerfeuil*
- *sel, poivre*

Plongez les raisins dans de l'eau tiède. Portez le lait avec 25 cl d'eau, du sel et une pincée de poivre à frémissements. En remuant, versez la semoule en pluie. Faites cuire en remuant jusqu'à ce que le liquide soit absorbé. Incorporez le beurre, les jaunes d'œufs et les raisins égouttés et séchés. Tassez la semoule dans un moule en couronne huilé. Gardez au chaud dans le four préchauffé à 90 °C (th. 3).
Faites fondre les échalotes hachées, sans coloration, dans le beurre. Saupoudrez d'une cuillerée de curry, remuez, 2 minutes, puis ajoutez le sauté de dinde, le bouillon de volaille et le lait de coco. Laissez mijoter 40 minutes à partir du frémissement du liquide, puis liez la sauce avec la maïzena délayée dans un peu d'eau froide et incorporez la crème. Rectifiez l'assaisonnement.
Démoulez la couronne sur un plat creux rond. Versez le sauté de dinde au centre. Parsemez de feuilles de coriandre ou de pluches de cerfeuil.

Variantes

Remplacez la semoule de blé par de la polenta à préparer avec de l'eau ou du bouillon de volaille, selon les indications du paquet. Ou par du couscous dans lequel vous ajouterez des dés de légumes cuits : carottes, courgettes, petits pois.

Étouffée de légumes aux pilons de poulet

Bon marché • Préparation : 20 minutes • Marinade : 6 heures • Cuisson : 1 heure

Matériel :

- *4 assiettes chaudes*
- *1 cocotte en fonte*
- *1 plat creux*
- *1 poêle*
- *1 râpe à grosse grille*

Ingrédients :

- *8 pilons de poulet*
- *200 g de céleri-rave*
- *2 courgettes • 2 carottes*
- *2 oignons • 2 échalotes*
- *2 gousses d'ail*
- *4 brins de coriandre frais*
- *1 citron bio*
- *2 c. à s. d'huile*
- *15 g de beurre*
- *épices en poudre (1 c. à c. de cumin, ½ c. à c. de curcuma et 1 c. à c. de poivre concassé)*
- *sel, poivre du moulin*

Retirez la peau des pilons. Entaillez la chair à intervalles réguliers. Enduisez-les de l'huile mélangée aux épices. Alignez-les dans un plat, parsemez du zeste du citron râpé, couvrez de film étirable. Laissez mariner au frais, 6 heures.

Allumez le four à 150 °C (th. 5). Dans une cocotte, faites dorer les pilons dans l'huile de marinade. Retirez-les et faites blondir les oignons ciselés et les gousses d'ail dégermées et coupées en lamelles dans la même huile. Remettez les pilons dans la cocotte avec la marinade, le jus du citron, de l'eau à mi-hauteur et du sel. Couvrez, enfournez 45 minutes.

Pelez le céleri et les carottes. Fendez les courgettes en deux et enlevez le centre. Râpez les légumes avec une grosse grille. Pelez et hachez les échalotes. Faites-les revenir sans coloration dans le beurre, 5 minutes. Ajoutez les légumes. Couvrez, laissez étuver environ 10 minutes. Salez, poivrez.

Répartissez les légumes dans des assiettes chaudes. Ajoutez les pilons. Parsemez de coriandre ciselée. Si nécessaire, faites réduire la sauce et versez-la en saucière.

Truc de cuisinier

Si vous ne disposez pas d'un jardin et du plaisir de cultiver toutes sortes de plantes, faites pousser des herbes aromatiques dans des pots, elles se développent très bien sur le bord d'une fenêtre ou sur un balcon. Toujours disponibles, elles sont parfumées, pas chères et d'une grande fraîcheur.

Courgettes rondes farcies au fromage

Bon marché • Préparation : 20 minutes • Cuisson : 40 à 47 minutes

Matériel :

- *1 cuit-vapeur*
- *1 poêle*
- *1 casserole*
- *1 plat de cuisson*
- *1 pinceau*

Ingrédients :

- *4 courgettes rondes*
- *1 oignon*
- *25 cl de lait*
- *1 œuf*
- *120 g de chèvre frais*
- *40 g de farine*
- *40 g de beurre*
- *2 c. à s. d'huile*
- *1 pincée de muscade + 1 de paprika*
- *sel, poivre*

Coupez un chapeau aux courgettes. Évidez-les en laissant 1 cm de pulpe. Retirez les graines de la chair et émincez-la. Remettez les chapeaux des courgettes en place. Faites-les cuire à la vapeur 8 à 10 minutes. Égouttez-les à l'envers sur un linge. Faites fondre l'oignon haché dans 1 cuillerée à soupe d'huile, 5 minutes. Ajoutez la chair de courgette émincée. Salez, poivrez, ajoutez le paprika et faites cuire jusqu'à ce qu'elle soit tendre et l'eau évaporée.
Allumez le four à 180 °C (th. 6). Faites fondre le beurre dans une casserole, ajoutez la farine, remuez, 2 minutes, sans laisser colorer, versez le lait, et, sur feu vif, portez juste à ébullition en fouettant vivement. Hors du feu, incorporez la chair de courgettes froide, l'œuf battu, le chèvre écrasé à la fourchette, la muscade, du sel, du poivre.
Épongez l'intérieur des courgettes. Salez et poivrez. Remplissez-les de farce. Couvrez des chapeaux. Alignez-les dans un plat huilé. Au pinceau, enduisez–les d'un peu d'huile. Enfournez 25 à 30 minutes. Servez aussitôt.

Truc de cuisinier

Si les courgettes ne sont pas stables, égalisez légèrement leur base, mais sans les percer. Adaptez le temps de cuisson vapeur des courgettes à leur taille, elles doivent rester bien fermes.

4 personnes

Merlans en papillotes vertes

Bon marché • Préparation : 30 minutes • Cuisson : 24 à 25 minutes

Matériel :

- *4 assiettes chaudes*
- *1 grande casserole*
- *1 écumoire*
- *1 plat de cuisson*
- *ficelle de ménage*

Ingrédients :

- *4 merlans prêts à cuire*
- *8 grandes feuilles de bettes*
- *2 carottes*
- *2 côtes de céleri*
- *2 ½ citrons bio*
- *4 c. à s. de vin blanc sec*
- *1 à 2 c. à c. de vinaigre*
- *½ c. à s. d'huile*
- *2 c. à c. de coriandre en grains*
- *sel, poivre du moulin*

Plongez les feuilles de bettes dans de l'eau bouillante salée, 2 minutes. Tenez-les immergées avec une écumoire. Rafraîchissez-les dans de l'eau glacée et égouttez-les sur un linge. Coupez les carottes et les côtes de céleri en bâtonnets. Blanchissez-les de la même manière, 2-3 minutes.

Allumez le four à 180 °C (th. 6). Débitez 2 citrons en fines rondelles. Retirez les pépins. Lavez et épongez les merlans. Salez, poivrez l'intérieur. Glissez-y quelques rondelles de citron et les grains de coriandre légèrement concassés. Arrosez du vin blanc et de quelques gouttes de vinaigre.

Séchez et superposez les feuilles de bettes, par deux, en les faisant se chevaucher légèrement. Déposez les merlans au centre. Étalez les bâtonnets de légumes autour et sur les poissons. Refermez les feuilles et ficelez en paquets. Déposez-les dans un plat huilé. Enfournez-les, 20 minutes.

Pour servir, déposez les papillotes sur des assiettes chaudes, retirez les ficelles, fendez les feuilles de bette en deux. Arrosez les merlans du jus accumulé dans le fond du plat, mélangé à ½ jus de citron. Poivrez au moulin et servez aussitôt.

Truc de cuisinier

Vivifiez les saveurs des graines de coriandre en les remuant à sec dans une poêle posée sur feu doux. Laissez-les refroidir avant de les concasser.

6-8 personnes

Tourte printanière au poulet

Bon marché • Préparation : 20 minutes • Cuisson : 50 à 55 minutes

Matériel :

- *1 poêle antiadhésive*
- *1 spatule*
- *1 moule rond à fond amovible*

Ingrédients :

- *2 rouleaux de pâte brisée ou de pâte à pain ou encore de pâte à pizza*
- *3 poitrines de poulet*
- *500 g de poêlée de légumes surgelés (haricots verts, petits pois, carottes, poireaux au choix)*
- *1 oignon*
- *2 gousses d'ail*
- *2 c. à s. d'huile d'olive*
- *4 c. à s. de crème fraîche*
- *1 c. à c. d'herbes de Provence*
- *sel, poivre*

Détaillez les poitrines de poulet en fines lamelles. Épluchez et émincez l'ail et l'oignon. Faites-les revenir dans l'huile, puis ajoutez le poulet, salez et poivrez et ajoutez les herbes de Provence. Faites sauter pendant 5 minutes. Mélangez à la crème et réservez. Préchauffez le four à 220 °C (th.8). Faites revenir la poêlée de légumes.

Abaissez un rouleau de pâte au fond du moule. Il faut laisser déborder la pâte de façon à garnir les bords du moule. Il est nécessaire d'utiliser un moule haut de 10 cm, à fond amovible de préférence, pour démouler facilement la tourte.

Étalez la moitié de la poêlée de légumes sur la tarte, éparpillez le poulet et complétez avec le reste de légumes.

Recouvrez avec le deuxième rouleau de pâte. Scellez les bords avec vos doigts en mouillant légèrement les bords. Faites un trou au centre de la tourte, de façon à permettre à la vapeur de s'échapper au cours de la cuisson.

Enfournez pour 45 à 50 minutes en baissant la température à 180 °C à mi-cuisson.

Variantes

Préparez une « tarte » au poulet en garnissant un seul rouleau de pâte déroulé dans un plat à tarte. Il sera alors adapté à 4 ou 5 gourmands.

4 personnes

Tagliatelles gratinées

Bon marché • Préparation : 30 minutes • Cuisson : 40 minutes

Matériel :

- ***1 plat à four***
- ***1 grande casserole***
- ***1 petite casserole***
- ***1 passoire***
- ***1 cuillère en bois***

Ingrédients :

- ***350 g de tagliatelles***
- ***2 escalopes de poulet***
- ***1 cube de bouillon***
- ***1 boîte de champignons émincés***
- ***100 g de fromage râpé***
- ***sel, poivre***

Pour la sauce béchamel

- ***50 g de beurre***
- ***2 c. à s. de farine***
- ***50 cl de lait***

Faites cuire les pâtes *al dente* et égouttez-les. Faites cuire les escalopes de poulet à feu moyen pendant 20 minutes avec un verre d'eau dans lequel vous aurez dilué le cube de bouillon. Émincez le poulet.

Allumez le four à 190 °C (th. 7). Préparez la sauce béchamel. Faites fondre le beurre à feu moyen dans la petite casserole. Ajoutez la farine et faites cuire 5 minutes en mélangeant constamment avec la cuillère en bois.

Retirez la casserole du feu, ajoutez un peu de lait, mélangez bien et remettez la casserole sur le feu tout en versant le lait petit à petit. Continuez de mélanger jusqu'à ce que la sauce épaississe.

Répartissez les pâtes dans le plat à four. Parsemez de morceaux de poulet. Ajoutez les champignons égouttés et versez la sauce béchamel uniformément. Saupoudrez de fromage râpé. Assaisonnez selon votre goût. Enfournez pendant environ 20 minutes jusqu'à ce que le fromage ait fondu et soit croustillant.

Variantes

Préparez un gratin avec des pommes de terre bouillies coupées en tranches et garnies de jambon, lardons ou thon, puis recouvertes de béchamel et de fromage râpé.

4 personnes

Crumble d'endives aux noix

Bon marché • Préparation : 20 minutes • Cuisson : 35 à 37 minutes

Matériel :

- *1 mixeur*
- *1 plat à gratin*
- *1 sauteuse*

Ingrédients

- *8 endives*
- *1 citron*
- *10 g de beurre*
- *8 tranches de jambon très fines*
- *100 g de noix*
- *20 cl de crème liquide*
- *2 c. à s. de fécule de pomme de terre*
- *sel, poivre*

Pour la pâte

- *30 g de noix*
- *30 g de farine*
- *25 g de parmesan*
- *50 g de beurre*

Lavez les endives et éliminez les feuilles abîmées. Coupez-les en deux dans le sens de la longueur. Mettez-les dans une sauteuse. Ajoutez le jus du citron, le beurre, salez, poivrez et laissez mijoter à feu doux pendant 10 à 12 minutes en ajoutant un peu d'eau si besoin et en les retournant deux ou trois fois. Laissez tiédir.
Ne jetez pas l'eau rendue par les endives.
Préchauffez le four à 190 °C (th. 7) et beurrez un plat à gratin. Coupez chaque tranche de jambon en deux dans le sens de la longueur. Disposez sur chaque endive une petite quantité de noix brisées et enroulez-les dans une demi-tranche de jambon. Rangez-les au fur et à mesure dans le plat.
Versez la crème liquide d'une manière uniforme, ajoutez le jus de cuisson.
Préparez le crumble en mixant le parmesan, le beurre, les noix, la farine et parsemez le tout sur les endives. Enfournez et faites cuire 25 minutes jusqu'à ce que la croûte soit dorée et croustillante.

Variante

Vous pouvez corser le goût de la sauce en ajoutant une cuillerée à soupe de vinaigre balsamique ou de moutarde à l'ancienne.

4 personnes

Crêpes aux champignons et à la dinde

Bon marché • Préparation : 30 minutes • Cuisson : 30 minutes • Repos : 30 minutes

Matériel :

- *1 saladier* • *1 crêpière*
- *1 sauteuse*

Ingrédients :

Pour la pâte

- *90 g de farine de blé*
- *70 g de farine de sarrasin*
- *½ sachet de levure*
- *40 cl de lait* • *3 œufs*
- *2 c. à s. d'huile de tournesol*
- *sel, poivre du moulin*

Pour la garniture

- *250 g de champignons*
- *1 c. à s. d'huile de tournesol*
- *200 g d'escalope de dinde*
- *1 pincée de thym*
- *3 brins de persil frisé*
- *3 c. à s. de crème fraîche épaisse*
- *sel, poivre du moulin*

Mélangez dans un saladier la farine de blé, la farine de sarrasin, la levure, les œufs et le lait. Travaillez la pâte au fouet pour qu'elle soit parfaitement lisse. Salez et poivrez. Laissez reposer 30 minutes (facultatif), puis faites cuire 8 crêpes un peu épaisses dans une crêpière légèrement huilée, 2 minutes sur chaque face. Gardez les crêpes au chaud entre deux assiettes.

Lavez les champignons, puis coupez l'extrémité sableuse du pied. Émincez-les en fines tranches. Découpez les escalopes de dinde en lamelles. Rincez et hachez le persil.

Faites chauffer une cuillerée d'huile de tournesol dans une sauteuse. Ajoutez les lamelles de dinde et faites-les dorer 5 minutes à feu moyen, en remuant. Réservez-les sur une assiette. Ajoutez dans la sauteuse les champignons émincés. Salez, poivrez, ajoutez le persil haché et le thym. Faites cuire pendant 10 minutes à feu doux. Hors du feu, liez avec la crème fraîche.

Garnissez les crêpes avec le mélange à la dinde et aux champignons, roulez-les sur elles-mêmes et dégustez chaud.

Info santé

Des crêpes complètes qui constituent une excellente base de repas, accompagnées d'une salade verte. La dinde (que vous pouvez remplacer par du poulet) présente l'avantage d'être beaucoup moins salée que le jambon, traditionnellement utilisé pour garnir les galettes.

4 personnes

Pastilla de boudin noir à la compote pommes-poires

Bon marché • Préparation : 20 minutes • Cuisson : 30 à 35 minutes

Matériel :

- *4 assiettes chaudes*
- *1 grande et 1 petite casseroles*
- *1 poêle*
- *1 pinceau*
- *1 tôle*

Ingrédients :

- *8 feuilles de brick*
- *2 boudins noirs*
- *2 oignons*
- *2 poires mûres mais fermes*
- *2 pommes douces (Boskoop, Gala, Golden)*
- *1 c. à s. d'amandes effilées*
- *40 g de beurre*
- *½ c. à s. d'huile*
- *2 c. à s. de miel liquide*
- *sucre glace*
- *1 pincée de cannelle*
- *sel, poivre du moulin*

Pelez les pommes et les poires. Coupez-les en deux, retirez les pépins, émincez-les en lamelles épaisses. Faites-les cuire avec le miel et la cannelle jusqu'à ce qu'elles soient tendres.
Incisez la peau des boudins et retirez la chair. Faites fondre les oignons coupés en fines rondelles dans 10 g de beurre et ½ cuillerée à soupe d'huile, 5 minutes, ils doivent être translucides et un peu caramélisés. Retirez-les. Ajoutez les boudins dans la poêle. Écrasez-le légèrement à la fourchette. Faites cuire, 5 minutes. Rectifier l'assaisonnement. Faites dorer les amandes dans une autre poêle.
Allumez le four à 210 °C (th. 7). Faites fondre 20 g de beurre. Enduisez-en les feuilles de bricks. Superposez-les par deux, côté beurré vers le bas. Répartissez les fruits cuits entre elles. Parsemez d'amandes, puis ajoutez les boudins. Fermez les feuilles en paquets hermétiques. Alignez-les sur une tôle beurrée, fermeture vers le bas. Badigeonnez-les du reste de beurre. Enfournez pour 15 à 20 minutes.
Glissez les pastillas bien dorées sur des assiettes. Saupoudrez-les d'un voile de sucre glace et servez.

Variantes

Répartissez la garniture au centre des feuilles de bricks, remontez les bords en balluchons. Liez-les avec du fil ménager humide. Beurrez-les au pinceau.

4 personnes

Salade de pommes de terre à l'américaine

Bon marché • Préparation : 20 minutes • Cuisson : 30 minutes

Matériel :

- *1 grande casserole*
- *1 petite casserole*
- *1 saladier*

Ingrédients :

- *8 grosses pommes de terre*
- *3 œufs*
- *5 branches de céleri*
- *1 poivron vert*
- *1 gros oignon*
- *2 tranches de jambon cru ou de bacon*
- *12 olives noires hachées*
- *4 cornichons type molossol*
- *2 c. à s. de persil haché*
- *2 c. à s. de fromage blanc*
- *2 c. à s. de mayonnaise*
- *2 c. à c. de moutarde*
- *sel, poivre*

Faites bouillir les pommes de terre (environ 20 minutes) et durcir les œufs.
Laissez refroidir, coupez les pommes de terre en dés et hachez les œufs durs.
Lavez et épluchez les légumes puis coupez-les en dés.
Faites revenir les tranches de jambon ou le bacon et réservez.
Mélangez tous les ingrédients dans un saladier, puis ajoutez la sauce préparée avec le fromage blanc, la mayonnaise, la moutarde, le sel et le poivre.

Variante

Vous pouvez ajouter des feuilles de laitue émincées et une pomme coupée en petits dés.

4 personnes

Tarte au potiron et au comté

Bon marché • Préparation : 40 minutes • Cuisson : 45 minutes

Matériel :

- *1 saladier*
- *1 cuit-vapeur*
- *1 presse-purée*
- *1 moule à tarte de 24 cm*

Ingrédients :

- *150 g de farine*
- *75 g de beurre*
- *400 g de chair de potiron (1 tranche de 500 g)*
- *60 g de comté*
- *2 œufs*
- *10 cl de lait*
- *1 c. à s. de fécule de maïs*
- *1 pincée de muscade*
- *sel, poivre du moulin*

Versez la farine dans un saladier. Ajoutez le beurre coupé en petits dés. Travaillez les ingrédients du bout des doigts pour obtenir un mélange sableux. Ajoutez 5 cuillerées à soupe d'eau tiède, liez la pâte en formant une boule et placez au frais pendant la préparation de la garniture.

Pelez la tranche de potiron et éliminez les graines. Rincez la chair sous l'eau fraîche, puis coupez-la en dés. Faites-la cuire 15 minutes à la vapeur. Égouttez le potiron parfaitement en pressant légèrement sur les morceaux. Écrasez-les au presse-purée. Versez la purée dans un bol.

Râpez le comté. Battez dans un saladier les œufs, le lait et la fécule. Salez, poivrez, ajoutez une pincée de muscade. Incorporez à ce mélange la purée de potiron et le fromage râpé.

Préchauffez le four à 180 °C (th. 6). Sortez la pâte du réfrigérateur et étalez-la au rouleau. Garnissez-en un moule à tarte de 24 cm. Piquez la pâte à l'aide d'une fourchette. Versez la garniture et faites cuire 30 minutes au four. Dégustez chaud ou tiède.

Variante

Une tarte délicieuse dont vous pouvez simplifier la recette si vous êtes pressé : utilisez une pâte du commerce (pur beurre), et de la purée de potiron que vous ferez sécher à feu doux dans une casserole, pour qu'elle ne soit pas trop liquide.

4 personnes

Tian de légumes d'été

Bon marché • Préparation : 25 minutes • Cuisson : 35 minutes

Matériel :

- *4 carrés de papier sulfurisé (40 x 40 cm)*
- *1 sauteuse*
- *1 grille du four*

Ingrédients :

- *2 courgettes*
- *1 aubergine*
- *1 oignon*
- *1 poivron jaune*
- *3 tomates*
- *8 olives noires*
- *2 gousses d'ail*
- *3 c. à s. d'huile d'olive*
- *herbes de Provence*
- *sel fin, poivre du moulin*

Préchauffez le four à 210 °C (th. 7). Lavez les légumes. Retirez les extrémités des courgettes et coupez-les en rondelles. Ôtez le pédoncule de l'aubergine et coupez-la en quartiers. Épluchez, coupez l'oignon en deux et émincez-le. Coupez le poivron en deux, épépinez-le et coupez-le en lanières de 4 cm de long. Dans une sauteuse, faites suer les oignons dans un peu d'huile. Retirez-les de la sauteuse, mettez à la place les courgettes, faites-les sauter quelques minutes. Retirez-les.

Faites de même avec l'aubergine, puis avec le poivron. Coupez les tomates en rondelles. Épluchez et émincez l'ail finement. Sur 4 feuilles de papier sulfurisé, intercalez des rondelles de chaque légume.

Parsemez d'ail, d'herbes de Provence et d'olives. Salez et poivrez. Terminez par un filet d'huile d'olive. Fermez les papillotes et enfournez 25 minutes.

Variantes

Ajoutez, au choix, des rondelles de pommes de terre, des tranches de mozzarella, de poitrine fumée, ou 200 g d'agneau haché préalablement revenu dans un peu d'huile.

Truc de cuisinier

Si vous n'avez pas le temps de précuire chaque légume, disposez-les directement dans des papillotes en silicone.

4 personnes

Nids de meringues chantilly-framboises

Bon marché • Préparation : 30 minutes • Cuisson : 2 heures

Matériel :

- *8 cercles à pâtisserie*
- *2 grandes jattes*
- *1 batteur ou 1 fouet*
- *1 poche de pâtisserie avec douille*
- *1 plaque à pâtisserie*
- *1 pinceau*

Ingrédients

Pour les meringues
- *3 blancs d'œufs*
- *150 g de sucre semoule*
- *1 sachet de sucre vanillé*
- *½ citron*
- *colorant alimentaire rouge*

Pour la garniture
- *20 cl de crème liquide très froide*
- *1 sachet de sucre vanillé*
- *2 c. à s. de sucre glace*
- *2 c. à s. de gelée de framboises (facultatif)*
- *100 g de framboises fraîches*

Allumez le four à 90 °C (th. 3). Au crayon, dessinez 4 cercles de 8 cm de diamètre sur une feuille de papier de cuisson. Retournez-la sur une plaque à pâtisserie.
Battez les blancs d'œufs en neige avec un filet de jus de citron, d'abord doucement puis plus rapidement. Lorsque la neige est presque ferme, versez le sucre semoule mélangé au sucre vanillé. Continuez de fouetter pour « serrer » la neige qui doit être ferme, brillante et former des pics au bout du fouet. Colorez-la avec une ou deux gouttes de colorant rouge pour obtenir une teinte rosée.
Versez la neige dans une grande poche à pâtisserie munie d'une douille cannelée de 1 cm d'ouverture. En partant du centre, déposez-la en spirales sur les disques dessinés, puis superposez sur le bord 2 cercles pour former le bord des nids. Préparez ainsi 4 nids. Enfournez-les pendant 2 heures, puis éteignez le four et laissez-les sécher jusqu'à refroidissement du four.
Montez la crème liquide en chantilly avec le sucre glace et le sucre vanillé. Répartissez-la dans les coques. Piquez de framboises fraîches. Au pinceau, nappez-les de gelée liquéfiée.

Astuce éco

Les blancs d'œufs, inutilisés dans certaines recettes, se gardent au réfrigérateur dans une boîte hermétique, 3 à 4 jours. Ce séjour au frais les rend plus souples et ils montent mieux. Sortez-les du froid la veille de leur utilisation. Les nids ou coques se gardent 3 semaines dans une boîte en fer placée dans un endroit sec.

4 personnes

Soupe de fruits du verger au thé citron

Bon marché • Préparation : 20 minutes • Repos : 20 minutes • Réfrigération : 1 heure

Matériel :

- *4 coupes*
- *1 casserole*
- *1 jatte*

Ingrédients :

- *2 poires Williams*
- *2 pêches jaunes*
- *2 pêches blanches*
- *1 grappe de raisin rouge*
- *2 brins de basilic*
- *75 g de sucre en poudre*
- *2 sachets de thé aromatisé au citron (ou aux agrumes)*
- *2 pincées de cannelle + 2 de poivres moulus mélangés*

En remuant, portez 25 cl d'eau à frémissements avec le sucre en poudre. Plongez-y les sachets de thé. Laissez infuser, 4 minutes, puis retirez-les. Ajoutez les épices et 1 brin de basilic. Laissez infuser à couvert, 20 minutes puis filtrez dans une jatte.

Pelez les pêches blanches et les poires. Épépinez ou dénoyautez tous les fruits, sauf les raisins. Coupez-les en tout petits dés. Pelez et coupez les raisins en deux, retirez les pépins.

Versez les fruits dans le sirop. Mélangez, couvrez et mettez au frais, 1 heure.

Répartissez les fruits et le sirop dans des coupes. Décorez de feuilles de basilic. Servez très frais.

Trucs de cuisinier

Pour peler les pêches blanches, faites une incision en croix à l'opposé du pédoncule et plongez-les dans de l'eau frémissante. Dès que les languettes se relèvent, rafraîchissez-les dans de l'eau glacée et pelez-les. Évitez de laisser les fruits au sirop trop longtemps au frais, ils ramollissent et deviennent peu agréables à déguster.

4 personnes

Panna cotta et compote de melon épicée

Bon marché • Préparation : 20 minutes • Cuisson : 10 minutes • Réfrigération : 2-3 heures

Matériel :

- *4 verres ou 4 ramequins*
- *1 bol • 2 casseroles*
- *1 jatte • 1 écumoire*

Ingrédients :

Pour la crème

- *40 cl de crème liquide*
- *10 cl de lait*
- *50 g de sucre en poudre*
- *1 c. à c. de vanille liquide*
- *2 feuilles de gélatine (4 g)*

Pour la finition

- *½ melon charentais*
- *10 cl de jus d'orange*
- *1 c. à s. de sucre en poudre*
- *1 clou de girofle*
- *1 étoile de badiane*
- *1 c. à c. de vanille liquide*
- *poivre blanc du moulin (facultatif)*

Trempez les feuilles de gélatine dans de l'eau froide. Faites dissoudre 40 g de sucre en poudre dans le lait. Portez à frémissements en remuant.
Hors du feu, ajoutez les feuilles de gélatine essorées. Remuez pour les dissoudre et mélangez à la crème liquide avec la vanille. Répartissez dans des verres.
Réfrigérez, 2-3 heures.
Portez le jus d'orange avec le sucre, les épices et la vanille à frémissements.
Pelez, épépinez et coupez le melon en dés. Plongez-le dans le sirop, laissez cuire, 5 minutes, à petits frémissements. Retirez les dés de melon avec une écumoire.
Faites réduire le sirop de cuisson à environ 4 cuillerées. Filtrez-le sur le melon.
Mettez au frais.
Pour servir, répartissez la compote de melon et son sirop sur les crèmes. Poivrez éventuellement au moulin.

Truc de cuisinier

Immergez les feuilles de gélatine en les séparant bien dans de l'eau froide, 10 minutes, puis essorez-les et ajoutez-les dans un liquide chaud, mais non bouillant, et toujours retiré du feu. Remuez jusqu'à ce qu'elles soient entièrement dissoutes. Incorporez-les dans une préparation chaude, ou froide, mais non glacée.

4-6 personnes

Beignets soupirs de nonne à la fleur d'oranger

Bon marché • Préparation : 30 minutes • Cuisson : 5 à 6 minutes

Matériel :

- *1 plat rond*
- *1 casserole*
- *1 spatule*
- *1 bassine de friture*
- *1 écumoire*

Ingrédients :

- *20 cl d'eau*
- *130 g de farine tamisée*
- *4 petits œufs*
- *50 g de beurre*
- *40 g de sucre en poudre*
- *1 c. à s. d'eau de fleur d'oranger*
- *1 bain de friture*
- *2 pincées de sel*

Rassemblez l'eau, le sucre, le sel et le beurre en dés dans une grande casserole. Faites chauffer doucement, le beurre doit être fondu aux premiers frémissements. Hors du feu, et en remuant vivement, versez d'un seul coup la farine.
Remettez la casserole sur feu doux, continuez de remuer jusqu'à ce que la pâte se détache bien des parois, puis étalez-la plusieurs fois sur le fond pour la dessécher. Quand le fond de la casserole se couvre d'une fine couche sableuse, versez la pâte dans un saladier, laissez tiédir quelques instants puis, en travaillant vivement avec une spatule, incorporez un à un les œufs, puis l'eau de fleur d'oranger.
Faites chauffer l'huile de friture à 170 °C (th. 5). Avec une petite cuillère, prélevez des noix de pâte. Avec une autre petite cuillère, poussez-les dans l'huile par 4 ou 5 à la fois. Laissez-les cuire et dorer, puis retirez-les avec une écumoire et égouttez-les sur du papier absorbant.
Saupoudrez-les de sucre glace et empilez-les sur un plat. Servez sans attendre.

Trucs de cuisinier

Pour éviter les grumeaux dans la pâte, versez hors du feu la farine d'un seul coup en remuant énergiquement jusqu'à ce qu'elle se détache des parois et se mette en boule. Le bain de friture est à bonne température quand un petit morceau de pain de la grosseur d'une noisette est aussitôt frissonnant.

4 personnes

Fruits rouges en crumble

Bon marché • Préparation : 15 minutes • Cuisson : 10 minutes

Matériel :

- *4 godets en aluminium*
- *4 carrés de papier sulfurisé (20 x 20 cm)*
- *raphia*

Ingrédients :

- *600 g de fruits rouges surgelés*
- *50 g de sucre de canne*
- *8 spéculoos*
- *40 g de beurre*

Faites décongeler les fruits rouges dans le réfrigérateur 5 heures avant la réalisation du dessert. Préchauffez le four à 180 °C (th. 6).
Tapissez chaque godet en aluminium d'une feuille de papier sulfurisé. Répartissez les fruits rouges dessus. Saupoudrez dessus la moitié du sucre de canne.
Dans un bol, émiettez les spéculoos avec le beurre préalablement coupé en dés. Ajoutez le reste de sucre de canne. Amalgamez le tout. Répartissez cette poudre sur les fruits rouges.
Fermez les papillotes comme s'il s'agissait d'aumônières, maintenez-les fermées avec du raphia. Disposez-les délicatement sur une plaque. Enfournez 10 minutes.

Variantes

Selon les saisons, préparez des crumbles aux pommes, aux poires, aux pêches…

Trucs du cuisinier

Travaillez la pâte du bout des doigts, elle doit rester friable.
Servez les papillotes avec de la crème Chantilly, de la crème fraîche ou une boule de glace.

4 personnes

Cheesecakes au coulis de fruits rouges

Bon marché • Préparation : 10 minutes • Cuisson : 20 minutes

Matériel :

- *1 cuit-vapeur*
- *1 mixeur*
- *4 ramequins*
- *film alimentaire*
- *papier sulfurisé*

Ingrédients :

- *8 spéculoos*
- *250 g de mascarpone*
- *80 g de sucre*
- *20 g de farine*
- *2 œufs*
- *2 c. à s. de crème fleurette*
- *50 g de beurre*

Pour le coulis

- *200 g de fruits rouges surgelés*
- *1 citron*
- *50 g de sucre glace*

Dans le compartiment inférieur du cuit-vapeur, faites chauffer 1,5 l d'eau. Coupez le beurre en morceaux et faites-le fondre au four à micro-ondes. Mettez les spéculoos dans le bol d'un mixeur. Ajoutez le beurre fondu et mixez.

Tapissez 4 ramequins de film alimentaire pour faciliter le démoulage. Couvrez le fond des 4 ramequins des miettes de biscuits.

Dans un bol, fouettez le mascarpone avec le sucre, la farine. Ajoutez les œufs et la crème fleurette. Battez de nouveau.

Versez la préparation dans les ramequins. Découpez 4 cercles de papier sulfurisé de la taille des ramequins. Disposez les ramequins dans le panier perforé. Couvrez les ramequins des cercles. Fermez le cuit-vapeur et laissez cuire 15 minutes, entrouvrez-le et laissez cuire encore 5 minutes.

Pendant ce temps, décongelez les fruits rouges. Mettez-les dans le bol du mixeur, mixez avec un jus de citron et 50 g de sucre glace. Réservez au frais. Laissez tiédir les cheesecakes dans le cuit-vapeur et mettez-les au frais plusieurs heures. Démoulez au moment de servir. Servez avec le coulis de fruits rouges.

Variante

Confectionnez des cheesecakes au citron en ajoutant le zeste de deux citrons, préalablement haché.

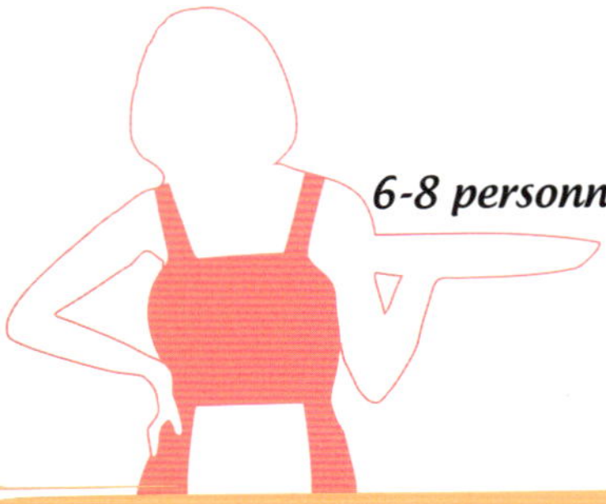

6-8 personnes

Salade d'agrumes aux épices

Bon marché • Préparation : 30 minutes • Réfrigération : 24 heures

Matériel :

- *1 presse-agrumes*
- *1 terrine*

Ingrédients :

- *4 oranges*
- *2 pamplemousses roses*
- *1 pamplemousse jaune*
- *4 mandarines*
- *1 citron bio*
- *½ c. à c. de cannelle*
- *½ c. à c. de gingembre*
- *2 c. à s. d'eau de fleur d'oranger*
- *4 c. à s. de miel*
- *6 pruneaux dénoyautés*
- *30 g de raisins secs*
- *50 g d'amandes effilées*

Pelez les oranges, les pamplemousses et les mandarines à vif pour retirer toutes les peaux blanches.
Râpez le zeste du citron et pressez son jus. Mettez-les dans une grande terrine, ajoutez les épices, le miel et l'eau de fleur d'oranger et mélangez bien.
Dénoyautez les pruneaux, ajoutez-les, ainsi que les raisins secs. Mettez les quartiers d'agrumes pelés dans la terrine, mélangez bien. Couvrez et gardez toute une nuit au frais.
Le lendemain, parsemez d'amandes effilées. Vous pouvez également décorer avec quelques fines lanières de zestes d'orange et de pamplemousse.

Variantes

Variez les agrumes, les fruits secs et les épices selon vos goûts pour une salade toujours renouvelée.

Truc de cuisinier

Pour un goût plus prononcé et pour permette aux épices de dégager tout leur arôme, faites bouillir quelques instants le jus et le zeste du citron avec les épices. Laissez infuser 15 minutes avant d'utiliser : cela vous évitera la macération une nuit entière.

6 personnes

Délice pommes-chocolat

Coût moyen • Préparation : 30 minutes • Cuisson : 35 minutes

Matériel :

- *1 moule rectangulaire ou carré ou des petits moules individuels*
- *1 fouet*

Ingrédients :

- *250 g de farine complète*
- *250 g de farine blanche*
- *200 g de miel*
- *100 g de sucre*
- *125 g de compote de pommes*
- *25 cl de jus de pomme*
- *2 sachets de levure en poudre*
- *1 sachet de vanille en poudre*
- *150 g de pépites de chocolat noir*

Pour le glaçage

- *125 g de compote de pommes*
- *100 g de miel*
- *1 sachet de vanille en poudre*
- *2 c. à s. de cognac (facultatif)*

Préchauffez le four à 180 °C (th. 6) et graissez un moule. Dans un grand saladier, versez tous les ingrédients, hormis les pépites de chocolat, et mélangez intimement au batteur électrique.
Répartissez les pépites de chocolat dans l'appareil et versez le dans le moule graissé. Laissez cuire pendant 35 minutes, puis laissez refroidir dans le moule.
Battez vigoureusement tous les ingrédients du glaçage et versez-les dans une casserole, amenez à ébullition tout en mélangeant et laissez refroidir.
Lorsque le mélange est tiède, versez-le sur le gâteau froid et attendez environ 1 heure avant de découper en petits carrés d'environ 3 cm de côté.

Variante

Vous pouvez remplacer les pommes par des poires. Vous prendrez alors du jus et de la compote de poires.

Truc de cuisinier

Accompagnez ce gâteau de sauce au chocolat et vous ferez des heureux.

4 personnes

Scones aux raisins secs

Bon marché • Préparation : 25 minutes • Cuisson : 12 à 15 minutes

Matériel :

- *1 saladier*
- *1 emporte-pièce rond de 5 cm de diamètre*
- *1 plaque à pâtisserie*

Ingrédients :

- *150 g de farine de blé*
- *30 g de farine jaune de maïs*
- *50 g de sucre*
- *1 sachet de levure chimique*
- *1 sachet de sucre vanillé*
- *80 g de beurre*
- *3 cl de lait + 1 c. à s.*
- *50 g de raisins secs blonds*
- *1 jaune d'œuf*
- *sel*

Versez la farine de blé, la farine de maïs, le sucre, la levure et le sucre vanillé dans un saladier. Ajoutez une pincée de sel et mélangez.

Ajoutez le beurre coupé en dés et travaillez le mélange avec une fourchette pour obtenir une pâte sableuse. Ajoutez le lait et les raisins, puis formez une boule. Ne travaillez pas trop longtemps la pâte, pour lui garder sa texture fondante.

Préchauffez le four à 150 °C (th. 5). Étalez la pâte sur un plan de travail fariné, pas trop finement, sur 1 cm d'épaisseur environ. Découpez des scones de 5 cm de diamètre, à l'aide d'un emporte-pièce rond.

Disposez les cônes sur une plaque à pâtisserie. Mélangez le jaune d'œuf avec une cuillerée de lait. Badigeonnez les scones de ce mélange et faites cuire au four pendant 12 à 15 minutes. Dégustez tiède, accompagné de compote de pommes à la cannelle.

Info santé

Les scones sont de délicieux gâteaux anglais, à texture friable, qu'il est préférable de déguster tièdes. Accompagnez-les d'un thé léger et d'un yaourt, pour un goûter équilibré. Ils se marient également avec des fromages doux (comté, emmental), si vous appréciez les saveurs sucrées-salées.

4 personnes

Tarte à la crème vanillée et pruneaux

Bon marché • Préparation : 35 minutes • Cuisson : 40 minutes • Repos : 10 minutes

Matériel :

- *2 saladiers*
- *1 moule de 24 cm*
- *1 casserole*

Ingrédients :

Pour la pâte

- *150 g de farine*
- *20 g de son d'avoine*
- *20 g de sucre roux*
- *80 g de beurre*
- *sel*

Pour la garniture

- *40 cl de lait entier*
- *½ gousse de vanille*
- *20 g de fécule de maïs*
- *30 g de sucre*
- *2 jaunes d'œufs*
- *120 g de pruneaux moelleux dénoyautés*

Versez la farine et le son dans un saladier. Ajoutez le sucre, le beurre coupé en petits morceaux et une pincée de sel. Travaillez le mélange du bout des doigts pour obtenir un mélange sableux. Ajoutez 3 cuillerées à soupe d'eau tiède et amalgamez rapidement la pâte. Formez une boule et laissez reposer à température ambiante pendant la préparation de la crème.

Préchauffez le four à 180 °C (th. 6). Portez le lait à ébullition, additionné d'une demi-gousse de vanille fendue en deux. Retirez du feu, couvrez et laissez infuser pendant 10 minutes.

Grattez l'intérieur de la gousse pour récupérer les graines. Remettez-les dans le lait. Battez les jaunes d'œufs, la fécule de maïs et le sucre. Ajoutez progressivement le lait. Versez le mélange dans la casserole et portez à ébullition à feu très doux, en remuant sans arrêt. Retirez du feu dès que la crème bout. Versez dans un saladier.

Étalez la pâte assez finement sur un plan de travail fariné. Garnissez-en un moule à tarte de 24 cm. Piquez le fond à l'aide d'une fourchette. Répartissez les pruneaux sur la tarte. Nappez de crème et faites cuire 30 minutes au four. Dégustez tiède ou froid.

Info santé

Une tarte gourmande et riche en fibres, qui permet d'améliorer naturellement les problèmes de constipation.

6 personnes

Gâteau aux carottes

Bon marché • Préparation : 25 minutes • Cuisson : 35 minutes

Matériel :

- *1 bol*
- *1 saladier*
- *1 moule rond à manqué*

Ingrédients :

- *1 carotte*
- *1 yaourt*
- *3 pots de farine*
- *1 pot de sucre*
- *1 sachet de sucre vanillé*
- *3 c. à s. de poudre d'amandes*
- *1 sachet de levure chimique*
- *1 pincée de cannelle*
- *1 pot d'huile de tournesol*
- *3 œufs*
- *50 g de raisins secs*
- *sel*

Préchauffez le four à 150 °C (th. 5). Pelez et lavez la carotte, puis râpez-la finement. Videz le yaourt dans un bol, et gardez le pot que vous utiliserez comme mesure.
Mélangez dans un saladier trois pots de farine, un pot de sucre, le sucre vanillé, la poudre d'amandes, la levure, la cannelle et une pincée de sel. Incorporez ensuite l'huile, les œufs et le yaourt. Travaillez la pâte à l'aide d'une spatule jusqu'à ce qu'elle soit parfaitement lisse.
Ajoutez ensuite la carotte râpée et les raisins secs.
Versez le mélange dans un moule rond à manqué. Faites cuire 35 minutes au four. Dégustez tiède ou froid.

Info santé

Un gâteau peu sucré mais bien pourvu en fibres, grâce à la présence de la carotte, de la poudre d'amandes et des raisins secs. Vous pouvez l'accompagner d'une crème anglaise maison, pour un plus en calcium.

6 personnes

Crème caramel à l'orange

Bon marché • Préparation : 15 minutes • Cuisson : 1 heure

Matériel :

- *1 casserole*
- *1 moule*
- *1 bain-marie*
- *1 jatte*

Ingrédients :

- *1 l de lait*
- *5 œufs*
- *100 g de sucre*
- *½ c. à c. d'extrait de vanille*
- *le jus d'une orange*
- *le zeste d'une orange râpé*

Pour le caramel

- *100 g de sucre*
- *3 c. à s. d'eau*

Dans une casserole à fond épais, faites fondre le sucre avec l'eau jusqu'à ce que le mélange devienne ambré. Versez le caramel dans un moule et tapissez-en les parois. L'excédent formera une couche plus épaisse au fond. Réservez.

Faites chauffer le lait. Battez les œufs avec le sucre et l'extrait de vanille. Ajoutez le jus et le zeste d'orange.

Versez dessus le lait chaud sans cesser de remuer. Versez le mélange dans le moule.

Allumez le four à 180 °C (th.6) et placez le moule dans un plat rempli d'eau aux trois quarts. Faites cuire la crème au bain-marie pendant 1 heure. Sortez-la du bain-marie, laissez refroidir et démoulez.

Variante

Pour une crème brûlée, remplacez le lait par de la crème fluide et faites cuire de la même façon sans caramel dans le fond. Une fois cuite et refroidie, saupoudrez de sucre et passez sous le gril du four pendant 3 à 5 minutes.

4 personnes

Riz au lait au caramel à l'orange

Bon marché • Préparation : 20 minutes • Cuisson : 45 minutes

Matériel :

- *4 grands verres ou 4 coupes*
- *1 casserole en matériau épais*
- *1 petite casserole*
- *1 jatte*
- *1 fouet*

Ingrédients :

- *60 cl de lait*
- *2 jaunes d'œufs*
- *90 g de riz grains ronds*
- *75 g de sucre en poudre*
- *1 c. à s. de vanille liquide*
- *1 grain de gros sel*

Pour le caramel

- *100 g de sucre en morceaux*
- *1 orange bio*

En remuant, portez le lait avec le grain de sel à frémissements. Versez le riz. Couvrez en laissant passer un filet d'air et faites cuire sur feu doux en remuant de temps en temps, le lait doit être presque absorbé. Hors du feu, incorporez les jaunes battus à blanchiment avec le sucre en poudre et la vanille.
Répartissez dans des verres. Lissez avec le dos d'une cuillère. Laissez refroidir à température ambiante.
Râpez 1 cuillerée à café de zeste d'orange. Pressez et filtrez la moitié de son jus. Préparez un caramel ambré avec le sucre en morceaux humidifié. Hors du feu, ajoutez le jus d'orange. Couvrez. À la fin du grésillement, découvrez, remettez sur le feu, ajoutez le zeste râpé et mélangez. Laissez tiédir et répartissez sur le riz.

Variantes

Remplacez le caramel à l'orange par du caramel au beurre salé, une gelée de framboises, une confiture de fruits rouges, une compotée de pêches, de mirabelles ou d'abricots, un coulis de chocolat ou tout simplement quelques fruits rouges mélangés et saupoudrés de sucre glace.

Truc de cuisinier

Pour un riz au lait crémeux et savoureux, utilisez un riz grains ronds comme celui de Camargue, excellent et bon marché, et du lait entier.

6-8 personnes

Tarte au fromage blanc aux groseilles

Bon marché • Préparation : 30 minutes • Cuisson : 1 heure • Réfrigération : 8 heures 30

Matériel :

- *1 plat à tarte • 1 moule à manqué à bord haut et amovible de 4 cm • 2 saladiers*
- *1 râpe • 1 petite casserole*

Ingrédients :

__Pour la pâte sucrée__

- *200 g de farine*
- *120 g de beurre*
- *80 g de sucre glace*
- *1 œuf • 1 pincée de sel*

__Pour la garniture__

- *400 g de fromage blanc de campagne bien égoutté (40 % MG)*
- *3 jaunes et 3 blancs d'œufs*
- *100 g de sucre*
- *10 cl de crème fraîche*
- *20 g de maïzena • 1 citron bio*
- *20 cl de gelée de groseilles (de framboises ou de fruits rouges)*
- *1 pincée de sel*

Creusez la farine en fontaine. Versez-y le sel, le sucre, l'œuf et le beurre en dés. Mélangez du bout des doigts. Rassemblez la pâte en boule. Mettez-la au frais dans un linge pendant 2 heures.

Tapissez un moule à bord haut de papier sulfurisé. Étalez la pâte. Piquez-la légèrement. Retournez-la dans le moule, elle doit bien remonter sur le bord. Si elle casse, n'hésitez pas à la souder avec les doigts. Coupez l'excédent sur le bord supérieur. Mettez au frais, 30 minutes.

Râpez le zeste du citron. Pressez son jus. Dans un saladier, allégez le fromage au fouet. Incorporez les jaunes d'œufs battus à blanchiment avec le sucre, puis la maïzena délayée dans le jus de citron, le zeste, la crème fraîche, et les blancs battus en neige avec une pincée de sel.

Versez la préparation dans le moule, lissez-la et enfournez dans le bas du four, 1 heure à 150 °C (th. 5), puis éteignez le four, glissez un manche dans le four et attendez 20 minutes avant de sortir le gâteau. Liquéfiez la gelée de groseilles sur feu doux sans trop la chauffer. Étalez-la sur le gâteau tiède. Laissez refroidir, entreposez au frais, 6 heures. Pour servir, retirez le bord du moule et glissez le gâteau sur un plat.

Astuce éco

Préparez du sucre vanillé maison avec des gousses de vanille déjà utilisées. Rincez-les si nécessaire puis laissez-les sécher. Glissez-les dans un bocal de sucre bien fermé, il se parfume et vous disposez toujours de sucre vanillé peu cher. Pensez à remplacer le sucre au fur et à mesure de vos utilisations.

Cheesecake à la vanille, coulis de framboises

Bon marché • Préparation : 20 minutes • Cuisson : 30 minutes • Repos : 15 minutes

Matériel :

- *1 bol*
- *1 fouet électrique*
- *1 moule à gratin*
- *1 rouleau à pâtisserie*
- *1 saladier*

Ingrédients :

- *200 g de coulis de framboises surgelé*
- *3 œufs*
- *80 g de sucre*
- *400 g de fromage blanc à 40 % de matière grasse*
- *1 sachet de sucre vanillé*
- *60 g de fécule de maïs*
- *4 biscuits type petits-beurres*
- *sel*

Préchauffez le four à 150 °C (th. 5). Faites décongeler le coulis sous l'eau froide, puis versez-le dans un bol. Séparez les jaunes d'œufs des blancs. Travaillez les jaunes d'œufs avec le sucre en poudre, à la spatule ou au fouet électrique, pour obtenir un mélange clair et mousseux.

Incorporez le fromage blanc, le sucre vanillé et la fécule de maïs dans le mélange précédent.

Émiettez les biscuits à l'aide d'un rouleau à pâtisserie. Montez les blancs d'œufs en neige très ferme, en y ajoutant une pincée de sel. Incorporez délicatement les blancs au mélange précédent.

Versez dans un moule à gratin, saupoudrez de biscuits émiettés et faites cuire 30 minutes au four. Laissez tiédir le gâteau pendant 15 minutes, hors du four, avant de le déguster. Servez avec le coulis de framboises.

Info santé

Un biscuit léger et pauvre en matières grasses, particulièrement digeste. Son apport en calcium et protéines est également intéressant. Vous pouvez le préparer la veille et le déguster froid, à condition de le couvrir de film étirable et de le placer au réfrigérateur.

4 personnes

Œufs au lait

Bon marché • Préparation : 30 minutes • Cuisson : 30 à 35 minutes

Matériel :

- *ramequins*
- *1 casserole*
- *1 saladier*
- *1 passoire fine*

Ingrédients :

- *6 œufs entiers*
- *200 g de sucre en poudre*
- *3 c. à s. d'eau*
- *1 gousse de vanille*
- *1 l de lait entier*

Dans une casserole, versez 130 g de sucre en poudre et l'eau. Faites cuire à feu doux jusqu'à coloration. Chemisez les ramequins de ce caramel et laissez durcir. Préchauffez le four à 180 °C (th. 6). Fendez la gousse de vanille en deux, récupérez les graines contenues à l'intérieur à l'aide de la pointe d'un couteau. Dans une casserole, faites bouillir le lait entier, les graines de vanille et la gousse. Dans un saladier, cassez les œufs et fouettez-les avec le sucre restant. Versez le lait chaud progressivement sur les œufs blanchis en remuant sans cesse. Passez cette préparation à la passoire fine et remplissez les ramequins. Enfournez au bain-marie 30 à 35 minutes. Servez froid.

Variante

Remplacez le caramel maison par un caramel crémeux au beurre salé.

Beignets de pommes

Bon marché • Préparation : 20 minutes • Cuisson : 15 minutes • Repos : 1 heure

Matériel :

- *1 grand plat*
- *1 saladier*
- *1 spatule*
- *film alimentaire*
- *1 plaque (ou 1 plat)*
- *1 friteuse*

Ingrédients :

- *4 belles pommes*
- *le jus d'un citron*
- *sucre semoule*
- *sucre glace*
- *1 bassine d'huile*

Base de la pâte à frire

- *200 g de farine*
- *2 œufs entiers*
- *20 cl de lait ou de bière*
- *40 g de sucre*
- *1 bonne pincée de sel*
- *40 g de beurre demi-sel fondu*

Disposez la farine en fontaine dans un saladier et ajoutez au centre le sel fin, les jaunes d'œufs clarifiés, le lait, le sucre et le beurre fondu. Délayez à l'aide d'une spatule en bois. Couvrez le saladier d'un film alimentaire et laissez reposer 1 heure dans un endroit frais.

Préparez les pommes : épluchez-les, évidez-les et citronnez-les légèrement. Coupez-les en tranches régulières d'environ 1 cm. Déposez les tranches sur une plaque ou un plat, saupoudrez-les d'un peu de sucre semoule et retournez-les pour bien les imprégner de sucre. Réservez au frais.

Terminez la pâte à frire : montez les blancs des 2 œufs en neige avec un peu de sel fin et incorporez-les délicatement à la pâte.

Procédez à la cuisson. Égouttez soigneusement les tranches de pomme, enrobez-les de pâte à frire et plongez-les dans un bain de friture, environ 30 à 40 secondes sur chaque face. Après cuisson, égouttez-les soigneusement et saupoudrez à votre convenance de sucre glace.

Variantes

Essayez les beignets de bananes, kiwis, clémentines, etc.

4 personnes

Clafoutis aux abricots

Bon marché • Préparation : 20 minutes • Cuisson : 20 à 25 minutes

Matériel :

- *cocottes individuelles*
- *1 saladier*
- *1 fouet*
- *1 poêle*

Ingrédients :

- *500 g d'abricots*
- *5 œufs*
- *70 g de sucre blanc*
- *100 g de farine*
- *25 cl de lait demi-écrémé*
- *25 g de sucre brun*
- *40 g de beurre demi-sel*

Préchauffez le four à 180 °C (th. 6). Préparez les fruits : lavez, coupez en deux et dénoyautez les abricots.

Dans un saladier, cassez les œufs, ajoutez le sucre blanc et battez à l'aide d'un fouet. Ajoutez la farine tamisée, puis incorporez le lait. Laissez reposer la préparation.

Dans une poêle, faites revenir les abricots 2 minutes dans 20 g de beurre demi-sel et saupoudrez de sucre brun. Faites caraméliser. Badigeonnez du beurre restant le fond et les parois des cocottes. Sucrez.

Déposez les fruits cuisinés dans les petites cocottes, puis versez la préparation à clafoutis sur les fruits. Enfournez et faites cuire 20 à 25 minutes.

Variantes

Remplacez les abricots par des pommes, des poires, des cerises, des prunes ou un mélange de fruits rouges ! Il y a toujours un clafoutis à faire pour chaque saison !

4 personnes

Madeleines

Bon marché • Préparation : 15 minutes • Cuisson : 10 à 12 minutes

Matériel :

- *2 saladiers*
- *1 fouet*
- *1 plaque à madeleines*
- *1 ramequin*
- *1 robot*

Ingrédients :

- *90 g de beurre demi-sel*
- *2 œufs*
- *90 g de sucre en poudre*
- *110 g de farine tamisée*
- *½ c. à c. de levure chimique*
- *½ gousse de vanille*
- *sel*

Préchauffez le four à 210 °C (th. 7). Déposez le beurre coupé en dés dans un ramequin et faites-le fondre 15 secondes au micro-ondes.
Séparez les blancs des jaunes d'œufs. Au robot, montez les blancs en neige avec une pincée de sel.
Dans un saladier, battez les jaunes d'œufs et le sucre en poudre. Ajoutez la farine, la levure, le beurre fondu et les grains de la gousse de vanille. Ajoutez les blancs en neige en mélangeant délicatement.
Beurrez la plaque à madeleines et versez la pâte aux deux tiers de chaque moule. Enfournez 10 à 12 minutes. Sortez du four et laissez reposer sur une grille.

Truc de cuisinier

Vous pouvez éviter de monter les blancs en neige, mais laissez reposer la pâte 15 minutes avant d'enfourner les madeleines.

Pain perdu au chocolat en cocottes

Bon marché • Préparation : 5 minutes • Cuisson : 20 minutes • Réfrigération : 1 heure

Matériel :

- *cocottes individuelles (ou 1 plat)*
- *2 saladiers*

Ingrédients :

- *restes de pain blanc, de pain de mie ou de brioche*
- *50 cl de lait*
- *40 g de sucre brun*
- *2 œufs*
- *20 cl de crème fraîche*
- *2 c. à s. de chocolat amer en poudre*
- *5 g de beurre*

Émiettez le pain (la brioche ou le pain de mie), puis ajoutez le lait. Vérifiez que le pain est bien immergé dans le lait. Couvrez et laissez au frais pendant 1 heure.
Préchauffez le four à 180 °C (th. 6).
Battez les œufs, incorporez le sucre, la crème et le chocolat. Brassez et écrasez les morceaux de pain, puis ajoutez-les avec le lait à la préparation. Beurrez des petites cocottes (ou un moule), versez le pain perdu et enfournez 20 minutes.

Truc de cuisinier

Accompagnez de brochettes de fruits frais ou de crème anglaise.

Index

Les entrées

Les plats

Les desserts

Retrouvez dans la même collection :